HANDMADE WITH LOVE

KNIT & CROCHET PROJECT JOURNAL

This Project Journal Belongs To:

_____

©2018 All rights reserved. No part of this publication may be reproduced, distributed or transmitted in any form or by any means, including photocopying, recording, or other electronic or mechanical methods, without prior written permission of the author, except as permitted by US copyright law.

PROJECT LIST

Date: Project Name: Page #:

PROJECT LIST

Date: Project Name: Page #:

PROJECT LIST

Date: Project Name: Page #:

PROJECT LIST

Date:	Project Name:	Page #:

- Project Name: _____
  Project Source: _____
  Date Started: _____ Date Finished: _____
  Knit ☐ Crochet ☐ Made For: _____

- Yarn: _____ Fiber: _____
  Colorway: _____ Weight: _____ Gauge: _____
  How Much Used: _____ Needle/Hook Size: _____

- Yarn: _____ Fiber: _____
  Colorway: _____ Weight: _____ Gauge: _____
  How Much Used: _____ Needle/Hook Size: _____

- Yarn: _____ Fiber: _____
  Colorway: _____ Weight: _____ Gauge: _____
  How Much Used: _____ Needle/Hook Size: _____

- Notes: _____
  _____
  _____
  _____
  _____
  _____
  _____

- Project Name: _____

    Project Source: _____

    Date Started: _____ Date Finished: _____

    Knit ☐ Crochet ☐ Made For: _____

- Yarn: _____ Fiber: _____

    Colorway: _____ Weight: _____ Gauge: _____

    How Much Used: _____ Needle/Hook Size: _____

- Yarn: _____ Fiber: _____

    Colorway: _____ Weight: _____ Gauge: _____

    How Much Used: _____ Needle/Hook Size: _____

- Yarn: _____ Fiber: _____

    Colorway: _____ Weight: _____ Gauge: _____

    How Much Used: _____ Needle/Hook Size: _____

- Notes: _____

    _____

    _____

    _____

    _____

    _____

Handmade With Love

- Project Name: _____

  Project Source: _____

  Date Started: _____ Date Finished: _____

  Knit ☐ Crochet ☐ Made For: _____

- Yarn: _____ Fiber: _____

  Colorway: _____ Weight: _____ Gauge: _____

  How Much Used: _____ Needle/Hook Size: _____

- Yarn: _____ Fiber: _____

  Colorway: _____ Weight: _____ Gauge: _____

  How Much Used: _____ Needle/Hook Size: _____

- Yarn: _____ Fiber: _____

  Colorway: _____ Weight: _____ Gauge: _____

  How Much Used: _____ Needle/Hook Size: _____

- Notes: _____

  _____

  _____

  _____

  _____

  _____

- Project Name: _____

    Project Source: _____

    Date Started: _____ Date Finished: _____

    Knit ☐ Crochet ☐ Made For: _____

- Yarn: _____ Fiber: _____

    Colorway: _____ Weight: _____ Gauge: _____

    How Much Used: _____ Needle/Hook Size: _____

- Yarn: _____ Fiber: _____

    Colorway: _____ Weight: _____ Gauge: _____

    How Much Used: _____ Needle/Hook Size: _____

- Yarn: _____ Fiber: _____

    Colorway: _____ Weight: _____ Gauge: _____

    How Much Used: _____ Needle/Hook Size: _____

- Notes: _____

    _____

    _____

    _____

    _____

    _____

- Project Name: _____
  Project Source: _____
  Date Started: _____ Date Finished: _____
  Knit ☐   Crochet ☐   Made For: _____

- Yarn: _____ Fiber: _____
  Colorway: _____ Weight: _____ Gauge: _____
  How Much Used: _____ Needle/Hook Size: _____

- Yarn: _____ Fiber: _____
  Colorway: _____ Weight: _____ Gauge: _____
  How Much Used: _____ Needle/Hook Size: _____

- Yarn: _____ Fiber: _____
  Colorway: _____ Weight: _____ Gauge: _____
  How Much Used: _____ Needle/Hook Size: _____

- Notes: _____
  _____
  _____
  _____
  _____
  _____
  _____

- Project Name: _____

    Project Source: _____

    Date Started: _____ Date Finished: _____

    Knit ☐ Crochet ☐ Made For: _____

- Yarn: _____ Fiber: _____

    Colorway: _____ Weight: _____ Gauge: _____

    How Much Used: _____ Needle/Hook Size: _____

- Yarn: _____ Fiber: _____

    Colorway: _____ Weight: _____ Gauge: _____

    How Much Used: _____ Needle/Hook Size: _____

- Yarn: _____ Fiber: _____

    Colorway: _____ Weight: _____ Gauge: _____

    How Much Used: _____ Needle/Hook Size: _____

- Notes: _____
    _____
    _____
    _____
    _____
    _____
    _____

- Project Name: _____

  Project Source: _____

  Date Started: _____ Date Finished: _____

  Knit ☐ Crochet ☐ Made For: _____

- Yarn: _____ Fiber: _____

  Colorway: _____ Weight: _____ Gauge: _____

  How Much Used: _____ Needle/Hook Size: _____

- Yarn: _____ Fiber: _____

  Colorway: _____ Weight: _____ Gauge: _____

  How Much Used: _____ Needle/Hook Size: _____

- Yarn: _____ Fiber: _____

  Colorway: _____ Weight: _____ Gauge: _____

  How Much Used: _____ Needle/Hook Size: _____

- Notes: _____

  _____

  _____

  _____

  _____

  _____

  _____

- Project Name: _____

    Project Source: _____

    Date Started: _____ Date Finished: _____

    Knit ☐ Crochet ☐ Made For: _____

- Yarn: _____ Fiber: _____

    Colorway: _____ Weight: _____ Gauge: _____

    How Much Used: _____ Needle/Hook Size: _____

- Yarn: _____ Fiber: _____

    Colorway: _____ Weight: _____ Gauge: _____

    How Much Used: _____ Needle/Hook Size: _____

- Yarn: _____ Fiber: _____

    Colorway: _____ Weight: _____ Gauge: _____

    How Much Used: _____ Needle/Hook Size: _____

- Notes: _____

    _____

    _____

    _____

    _____

    _____

- Project Name: _____

  Project Source: _____

  Date Started: _____ Date Finished: _____

  Knit ☐ Crochet ☐ Made For: _____

- Yarn: _____ Fiber: _____

  Colorway: _____ Weight: _____ Gauge: _____

  How Much Used: _____ Needle/Hook Size: _____

- Yarn: _____ Fiber: _____

  Colorway: _____ Weight: _____ Gauge: _____

  How Much Used: _____ Needle/Hook Size: _____

- Yarn: _____ Fiber: _____

  Colorway: _____ Weight: _____ Gauge: _____

  How Much Used: _____ Needle/Hook Size: _____

- Notes: _____

  _____
  _____
  _____
  _____
  _____
  _____

- Project Name: _____

  Project Source: _____

  Date Started: _____ Date Finished: _____

  Knit ☐ Crochet ☐ Made For: _____

- Yarn: _____ Fiber: _____

  Colorway: _____ Weight: _____ Gauge: _____

  How Much Used: _____ Needle/Hook Size: _____

- Yarn: _____ Fiber: _____

  Colorway: _____ Weight: _____ Gauge: _____

  How Much Used: _____ Needle/Hook Size: _____

- Yarn: _____ Fiber: _____

  Colorway: _____ Weight: _____ Gauge: _____

  How Much Used: _____ Needle/Hook Size: _____

- Notes: _____

  _____

  _____

  _____

  _____

  _____

- Project Name: _____
  Project Source: _____
  Date Started: _____ Date Finished: _____
  Knit ☐ Crochet ☐ Made For: _____

- Yarn: _____ Fiber: _____
  Colorway: _____ Weight: _____ Gauge: _____
  How Much Used: _____ Needle/Hook Size: _____

- Yarn: _____ Fiber: _____
  Colorway: _____ Weight: _____ Gauge: _____
  How Much Used: _____ Needle/Hook Size: _____

- Yarn: _____ Fiber: _____
  Colorway: _____ Weight: _____ Gauge: _____
  How Much Used: _____ Needle/Hook Size: _____

- Notes: _____
  _____
  _____
  _____
  _____
  _____

- Project Name: _____

    Project Source: _____

    Date Started: _____ Date Finished: _____

    Knit ☐ Crochet ☐ Made For: _____

- Yarn: _____ Fiber: _____

    Colorway: _____ Weight: _____ Gauge: _____

    How Much Used: _____ Needle/Hook Size: _____

- Yarn: _____ Fiber: _____

    Colorway: _____ Weight: _____ Gauge: _____

    How Much Used: _____ Needle/Hook Size: _____

- Yarn: _____ Fiber: _____

    Colorway: _____ Weight: _____ Gauge: _____

    How Much Used: _____ Needle/Hook Size: _____

- Notes: _____

    _____

    _____

    _____

    _____

    _____

- Project Name: _____

　Project Source: _____

　Date Started: _____ Date Finished: _____

　Knit ☐　Crochet ☐　Made For: _____

- Yarn: _____ Fiber: _____

　Colorway: _____ Weight: _____ Gauge: _____

　How Much Used: _____ Needle/Hook Size: _____

- Yarn: _____ Fiber: _____

　Colorway: _____ Weight: _____ Gauge: _____

　How Much Used: _____ Needle/Hook Size: _____

- Yarn: _____ Fiber: _____

　Colorway: _____ Weight: _____ Gauge: _____

　How Much Used: _____ Needle/Hook Size: _____

- Notes: _____

　_____

　_____

　_____

　_____

　_____

　_____

- Project Name: _____

  Project Source: _____

  Date Started: _____ Date Finished: _____

  Knit ☐ Crochet ☐ Made For: _____

- Yarn: _____ Fiber: _____

  Colorway: _____ Weight: _____ Gauge: _____

  How Much Used: _____ Needle/Hook Size: _____

- Yarn: _____ Fiber: _____

  Colorway: _____ Weight: _____ Gauge: _____

  How Much Used: _____ Needle/Hook Size: _____

- Yarn: _____ Fiber: _____

  Colorway: _____ Weight: _____ Gauge: _____

  How Much Used: _____ Needle/Hook Size: _____

- Notes: _____

  _____

  _____

  _____

  _____

  _____

- Project Name: _____
  Project Source: _____
  Date Started: _____ Date Finished: _____
  Knit ☐ Crochet ☐ Made For: _____

- Yarn: _____ Fiber: _____
  Colorway: _____ Weight: _____ Gauge: _____
  How Much Used: _____ Needle/Hook Size: _____

- Yarn: _____ Fiber: _____
  Colorway: _____ Weight: _____ Gauge: _____
  How Much Used: _____ Needle/Hook Size: _____

- Yarn: _____ Fiber: _____
  Colorway: _____ Weight: _____ Gauge: _____
  How Much Used: _____ Needle/Hook Size: _____

- Notes: _____
  _____
  _____
  _____
  _____
  _____
  _____

- Project Name: _____

  Project Source: _____

  Date Started: _____ Date Finished: _____

  Knit ☐ Crochet ☐ Made For: _____

- Yarn: _____ Fiber: _____

  Colorway: _____ Weight: _____ Gauge: _____

  How Much Used: _____ Needle/Hook Size: _____

- Yarn: _____ Fiber: _____

  Colorway: _____ Weight: _____ Gauge: _____

  How Much Used: _____ Needle/Hook Size: _____

- Yarn: _____ Fiber: _____

  Colorway: _____ Weight: _____ Gauge: _____

  How Much Used: _____ Needle/Hook Size: _____

- Notes: _____

  _____

  _____

  _____

  _____

  _____

  _____

- Project Name: _____
  Project Source: _____
  Date Started: _____ Date Finished: _____
  Knit ☐   Crochet ☐   Made For: _____

- Yarn: _____ Fiber: _____
  Colorway: _____ Weight: _____ Gauge: _____
  How Much Used: _____ Needle/Hook Size: _____

- Yarn: _____ Fiber: _____
  Colorway: _____ Weight: _____ Gauge: _____
  How Much Used: _____ Needle/Hook Size: _____

- Yarn: _____ Fiber: _____
  Colorway: _____ Weight: _____ Gauge: _____
  How Much Used: _____ Needle/Hook Size: _____

- Notes: _____
  _____
  _____
  _____
  _____
  _____
  _____

- Project Name: _____

    Project Source: _____

    Date Started: _____ Date Finished: _____

    Knit ☐   Crochet ☐   Made For: _____

- Yarn: _____ Fiber: _____

    Colorway: _____ Weight: _____ Gauge: _____

    How Much Used: _____ Needle/Hook Size: _____

- Yarn: _____ Fiber: _____

    Colorway: _____ Weight: _____ Gauge: _____

    How Much Used: _____ Needle/Hook Size: _____

- Yarn: _____ Fiber: _____

    Colorway: _____ Weight: _____ Gauge: _____

    How Much Used: _____ Needle/Hook Size: _____

- Notes: _____

    _____

    _____

    _____

    _____

    _____

- Project Name: _____

  Project Source: _____

  Date Started: _____ Date Finished: _____

  Knit ☐ Crochet ☐ Made For: _____

- Yarn: _____ Fiber: _____

  Colorway: _____ Weight: _____ Gauge: _____

  How Much Used: _____ Needle/Hook Size: _____

- Yarn: _____ Fiber: _____

  Colorway: _____ Weight: _____ Gauge: _____

  How Much Used: _____ Needle/Hook Size: _____

- Yarn: _____ Fiber: _____

  Colorway: _____ Weight: _____ Gauge: _____

  How Much Used: _____ Needle/Hook Size: _____

- Notes: _____

  _____

  _____

  _____

  _____

  _____

  _____

- Project Name: _____
  Project Source: _____
  Date Started: _____ Date Finished: _____
  Knit ☐ Crochet ☐ Made For: _____

- Yarn: _____ Fiber: _____
  Colorway: _____ Weight: _____ Gauge: _____
  How Much Used: _____ Needle/Hook Size: _____

- Yarn: _____ Fiber: _____
  Colorway: _____ Weight: _____ Gauge: _____
  How Much Used: _____ Needle/Hook Size: _____

- Yarn: _____ Fiber: _____
  Colorway: _____ Weight: _____ Gauge: _____
  How Much Used: _____ Needle/Hook Size: _____

- Notes: _____
  _____
  _____
  _____
  _____
  _____

- Project Name: _____

  Project Source: _____

  Date Started: _____ Date Finished: _____

  Knit ☐ Crochet ☐ Made For: _____

- Yarn: _____ Fiber: _____

  Colorway: _____ Weight: _____ Gauge: _____

  How Much Used: _____ Needle/Hook Size: _____

- Yarn: _____ Fiber: _____

  Colorway: _____ Weight: _____ Gauge: _____

  How Much Used: _____ Needle/Hook Size: _____

- Yarn: _____ Fiber: _____

  Colorway: _____ Weight: _____ Gauge: _____

  How Much Used: _____ Needle/Hook Size: _____

- Notes: _____

  _____

  _____

  _____

  _____

  _____

  _____

- Project Name: _____

  Project Source: _____

  Date Started: _____ Date Finished: _____

  Knit ☐ Crochet ☐ Made For: _____

- Yarn: _____ Fiber: _____

  Colorway: _____ Weight: _____ Gauge: _____

  How Much Used: _____ Needle/Hook Size: _____

- Yarn: _____ Fiber: _____

  Colorway: _____ Weight: _____ Gauge: _____

  How Much Used: _____ Needle/Hook Size: _____

- Yarn: _____ Fiber: _____

  Colorway: _____ Weight: _____ Gauge: _____

  How Much Used: _____ Needle/Hook Size: _____

- Notes: _____

  _____

  _____

  _____

  _____

  _____

- Project Name: _____
  Project Source: _____
  Date Started: _____ Date Finished: _____
  Knit ☐ Crochet ☐ Made For: _____

- Yarn: _____ Fiber: _____
  Colorway: _____ Weight: _____ Gauge: _____
  How Much Used: _____ Needle/Hook Size: _____

- Yarn: _____ Fiber: _____
  Colorway: _____ Weight: _____ Gauge: _____
  How Much Used: _____ Needle/Hook Size: _____

- Yarn: _____ Fiber: _____
  Colorway: _____ Weight: _____ Gauge: _____
  How Much Used: _____ Needle/Hook Size: _____

- Notes: _____
  _____
  _____
  _____
  _____
  _____

- Project Name: _____

  Project Source: _____

  Date Started: _____ Date Finished: _____

  Knit ☐ Crochet ☐ Made For: _____

- Yarn: _____ Fiber: _____

  Colorway: _____ Weight: _____ Gauge: _____

  How Much Used: _____ Needle/Hook Size: _____

- Yarn: _____ Fiber: _____

  Colorway: _____ Weight: _____ Gauge: _____

  How Much Used: _____ Needle/Hook Size: _____

- Yarn: _____ Fiber: _____

  Colorway: _____ Weight: _____ Gauge: _____

  How Much Used: _____ Needle/Hook Size: _____

- Notes: _____

  _____
  _____
  _____
  _____
  _____
  _____

- Project Name: _____

  Project Source: _____

  Date Started: _____ Date Finished: _____

  Knit ☐ Crochet ☐ Made For: _____

- Yarn: _____ Fiber: _____

  Colorway: _____ Weight: _____ Gauge: _____

  How Much Used: _____ Needle/Hook Size: _____

- Yarn: _____ Fiber: _____

  Colorway: _____ Weight: _____ Gauge: _____

  How Much Used: _____ Needle/Hook Size: _____

- Yarn: _____ Fiber: _____

  Colorway: _____ Weight: _____ Gauge: _____

  How Much Used: _____ Needle/Hook Size: _____

- Notes: _____

  _____

  _____

  _____

  _____

  _____

  _____

- Project Name: _____

  Project Source: _____

  Date Started: _____ Date Finished: _____

  Knit ☐ Crochet ☐ Made For: _____

- Yarn: _____ Fiber: _____

  Colorway: _____ Weight: _____ Gauge: _____

  How Much Used: _____ Needle/Hook Size: _____

- Yarn: _____ Fiber: _____

  Colorway: _____ Weight: _____ Gauge: _____

  How Much Used: _____ Needle/Hook Size: _____

- Yarn: _____ Fiber: _____

  Colorway: _____ Weight: _____ Gauge: _____

  How Much Used: _____ Needle/Hook Size: _____

- Notes: _____

  _____

  _____

  _____

  _____

  _____

- Project Name: _____

  Project Source: _____

  Date Started: _____ Date Finished: _____

  Knit ☐ Crochet ☐ Made For: _____

- Yarn: _____ Fiber: _____

  Colorway: _____ Weight: _____ Gauge: _____

  How Much Used: _____ Needle/Hook Size: _____

- Yarn: _____ Fiber: _____

  Colorway: _____ Weight: _____ Gauge: _____

  How Much Used: _____ Needle/Hook Size: _____

- Yarn: _____ Fiber: _____

  Colorway: _____ Weight: _____ Gauge: _____

  How Much Used: _____ Needle/Hook Size: _____

- Notes: _____

  _____

  _____

  _____

  _____

  _____

- Project Name: _____

    Project Source: _____

    Date Started: _____ Date Finished: _____

    Knit ☐   Crochet ☐   Made For: _____

- Yarn: _____ Fiber: _____

    Colorway: _____ Weight: _____ Gauge: _____

    How Much Used: _____ Needle/Hook Size: _____

- Yarn: _____ Fiber: _____

    Colorway: _____ Weight: _____ Gauge: _____

    How Much Used: _____ Needle/Hook Size: _____

- Yarn: _____ Fiber: _____

    Colorway: _____ Weight: _____ Gauge: _____

    How Much Used: _____ Needle/Hook Size: _____

- Notes: _____

    _____

    _____

    _____

    _____

    _____

- Project Name: _____

  Project Source: _____

  Date Started: _____ Date Finished: _____

  Knit ☐   Crochet ☐   Made For: _____

- Yarn: _____ Fiber: _____

  Colorway: _____ Weight: _____ Gauge: _____

  How Much Used: _____ Needle/Hook Size: _____

- Yarn: _____ Fiber: _____

  Colorway: _____ Weight: _____ Gauge: _____

  How Much Used: _____ Needle/Hook Size: _____

- Yarn: _____ Fiber: _____

  Colorway: _____ Weight: _____ Gauge: _____

  How Much Used: _____ Needle/Hook Size: _____

- Notes: _____

  _____

  _____

  _____

  _____

  _____

  _____

- Project Name: _____

  Project Source: _____

  Date Started: _____ Date Finished: _____

  Knit ☐   Crochet ☐   Made For: _____

- Yarn: _____ Fiber: _____

  Colorway: _____ Weight: _____ Gauge: _____

  How Much Used: _____ Needle/Hook Size: _____

- Yarn: _____ Fiber: _____

  Colorway: _____ Weight: _____ Gauge: _____

  How Much Used: _____ Needle/Hook Size: _____

- Yarn: _____ Fiber: _____

  Colorway: _____ Weight: _____ Gauge: _____

  How Much Used: _____ Needle/Hook Size: _____

- Notes: _____

  _____

  _____

  _____

  _____

  _____

- Project Name: _____

    Project Source: _____

    Date Started: _____ Date Finished: _____

    Knit ☐   Crochet ☐   Made For: _____

- Yarn: _____ Fiber: _____

    Colorway: _____ Weight: _____ Gauge: _____

    How Much Used: _____ Needle/Hook Size: _____

- Yarn: _____ Fiber: _____

    Colorway: _____ Weight: _____ Gauge: _____

    How Much Used: _____ Needle/Hook Size: _____

- Yarn: _____ Fiber: _____

    Colorway: _____ Weight: _____ Gauge: _____

    How Much Used: _____ Needle/Hook Size: _____

- Notes: _____

    _____

    _____

    _____

    _____

    _____

    _____

- Project Name: _____

    Project Source: _____

    Date Started: _____ Date Finished: _____

    Knit ☐ Crochet ☐ Made For: _____

- Yarn: _____ Fiber: _____

    Colorway: _____ Weight: _____ Gauge: _____

    How Much Used: _____ Needle/Hook Size: _____

- Yarn: _____ Fiber: _____

    Colorway: _____ Weight: _____ Gauge: _____

    How Much Used: _____ Needle/Hook Size: _____

- Yarn: _____ Fiber: _____

    Colorway: _____ Weight: _____ Gauge: _____

    How Much Used: _____ Needle/Hook Size: _____

- Notes: _____

    _____

    _____

    _____

    _____

    _____

- Project Name: _____

    Project Source: _____

    Date Started: _____ Date Finished: _____

    Knit ☐   Crochet ☐   Made For: _____

- Yarn: _____ Fiber: _____

    Colorway: _____ Weight: _____ Gauge: _____

    How Much Used: _____ Needle/Hook Size: _____

- Yarn: _____ Fiber: _____

    Colorway: _____ Weight: _____ Gauge: _____

    How Much Used: _____ Needle/Hook Size: _____

- Yarn: _____ Fiber: _____

    Colorway: _____ Weight: _____ Gauge: _____

    How Much Used: _____ Needle/Hook Size: _____

- Notes: _____

    _____

    _____

    _____

    _____

    _____

- Project Name: _____

  Project Source: _____

  Date Started: _____ Date Finished: _____

  Knit ☐ Crochet ☐ Made For: _____

- Yarn: _____ Fiber: _____

  Colorway: _____ Weight: _____ Gauge: _____

  How Much Used: _____ Needle/Hook Size: _____

- Yarn: _____ Fiber: _____

  Colorway: _____ Weight: _____ Gauge: _____

  How Much Used: _____ Needle/Hook Size: _____

- Yarn: _____ Fiber: _____

  Colorway: _____ Weight: _____ Gauge: _____

  How Much Used: _____ Needle/Hook Size: _____

- Notes: _____
  _____
  _____
  _____
  _____
  _____
  _____

- Project Name: _____

  Project Source: _____

  Date Started: _____ Date Finished: _____

  Knit ☐   Crochet ☐   Made For: _____

- Yarn: _____ Fiber: _____

  Colorway: _____ Weight: _____ Gauge: _____

  How Much Used: _____ Needle/Hook Size: _____

- Yarn: _____ Fiber: _____

  Colorway: _____ Weight: _____ Gauge: _____

  How Much Used: _____ Needle/Hook Size: _____

- Yarn: _____ Fiber: _____

  Colorway: _____ Weight: _____ Gauge: _____

  How Much Used: _____ Needle/Hook Size: _____

- Notes: _____

  _____

  _____

  _____

  _____

  _____

  _____

- Project Name: _____

    Project Source: _____

    Date Started: _____ Date Finished: _____

    Knit ☐ Crochet ☐ Made For: _____

- Yarn: _____ Fiber: _____

    Colorway: _____ Weight: _____ Gauge: _____

    How Much Used: _____ Needle/Hook Size: _____

- Yarn: _____ Fiber: _____

    Colorway: _____ Weight: _____ Gauge: _____

    How Much Used: _____ Needle/Hook Size: _____

- Yarn: _____ Fiber: _____

    Colorway: _____ Weight: _____ Gauge: _____

    How Much Used: _____ Needle/Hook Size: _____

- Notes: _____

    _____

    _____

    _____

    _____

    _____

    _____

- Project Name: _____

    Project Source: _____

    Date Started: _____ Date Finished: _____

    Knit ☐   Crochet ☐   Made For: _____

- Yarn: _____ Fiber: _____

    Colorway: _____ Weight: _____ Gauge: _____

    How Much Used: _____ Needle/Hook Size: _____

- Yarn: _____ Fiber: _____

    Colorway: _____ Weight: _____ Gauge: _____

    How Much Used: _____ Needle/Hook Size: _____

- Yarn: _____ Fiber: _____

    Colorway: _____ Weight: _____ Gauge: _____

    How Much Used: _____ Needle/Hook Size: _____

- Notes: _____

    _____

    _____

    _____

    _____

    _____

    _____

- Project Name: _____

  Project Source: _____

  Date Started: _____ Date Finished: _____

  Knit ☐ Crochet ☐ Made For: _____

- Yarn: _____ Fiber: _____

  Colorway: _____ Weight: _____ Gauge: _____

  How Much Used: _____ Needle/Hook Size: _____

- Yarn: _____ Fiber: _____

  Colorway: _____ Weight: _____ Gauge: _____

  How Much Used: _____ Needle/Hook Size: _____

- Yarn: _____ Fiber: _____

  Colorway: _____ Weight: _____ Gauge: _____

  How Much Used: _____ Needle/Hook Size: _____

- Notes: _____

  _____

  _____

  _____

  _____

  _____

  _____

- Project Name: _____
  Project Source: _____
  Date Started: _____ Date Finished: _____
  Knit ☐   Crochet ☐   Made For: _____

- Yarn: _____ Fiber: _____
  Colorway: _____ Weight: _____ Gauge: _____
  How Much Used: _____ Needle/Hook Size: _____

- Yarn: _____ Fiber: _____
  Colorway: _____ Weight: _____ Gauge: _____
  How Much Used: _____ Needle/Hook Size: _____

- Yarn: _____ Fiber: _____
  Colorway: _____ Weight: _____ Gauge: _____
  How Much Used: _____ Needle/Hook Size: _____

- Notes: _____
  _____
  _____
  _____
  _____
  _____
  _____

- Project Name: _____
  Project Source: _____
  Date Started: _____ Date Finished: _____
  Knit ☐ Crochet ☐ Made For: _____

- Yarn: _____ Fiber: _____
  Colorway: _____ Weight: _____ Gauge: _____
  How Much Used: _____ Needle/Hook Size: _____

- Yarn: _____ Fiber: _____
  Colorway: _____ Weight: _____ Gauge: _____
  How Much Used: _____ Needle/Hook Size: _____

- Yarn: _____ Fiber: _____
  Colorway: _____ Weight: _____ Gauge: _____
  How Much Used: _____ Needle/Hook Size: _____

- Notes: _____
  _____
  _____
  _____
  _____
  _____
  _____

- Project Name: _____

    Project Source: _____

    Date Started: _____ Date Finished: _____

    Knit ☐   Crochet ☐   Made For: _____

- Yarn: _____ Fiber: _____

    Colorway: _____ Weight: _____ Gauge: _____

    How Much Used: _____ Needle/Hook Size: _____

- Yarn: _____ Fiber: _____

    Colorway: _____ Weight: _____ Gauge: _____

    How Much Used: _____ Needle/Hook Size: _____

- Yarn: _____ Fiber: _____

    Colorway: _____ Weight: _____ Gauge: _____

    How Much Used: _____ Needle/Hook Size: _____

- Notes: _____

    _____

    _____

    _____

    _____

    _____

- Project Name: _____

  Project Source: _____

  Date Started: _____ Date Finished: _____

  Knit ☐ Crochet ☐ Made For: _____

- Yarn: _____ Fiber: _____

  Colorway: _____ Weight: _____ Gauge: _____

  How Much Used: _____ Needle/Hook Size: _____

- Yarn: _____ Fiber: _____

  Colorway: _____ Weight: _____ Gauge: _____

  How Much Used: _____ Needle/Hook Size: _____

- Yarn: _____ Fiber: _____

  Colorway: _____ Weight: _____ Gauge: _____

  How Much Used: _____ Needle/Hook Size: _____

- Notes: _____

  _____

  _____

  _____

  _____

  _____

- Project Name: _____
  Project Source: _____
  Date Started: _____ Date Finished: _____
  Knit ☐ Crochet ☐ Made For: _____

- Yarn: _____ Fiber: _____
  Colorway: _____ Weight: _____ Gauge: _____
  How Much Used: _____ Needle/Hook Size: _____

- Yarn: _____ Fiber: _____
  Colorway: _____ Weight: _____ Gauge: _____
  How Much Used: _____ Needle/Hook Size: _____

- Yarn: _____ Fiber: _____
  Colorway: _____ Weight: _____ Gauge: _____
  How Much Used: _____ Needle/Hook Size: _____

- Notes: _____
  _____
  _____
  _____
  _____
  _____
  _____

- Project Name: _____
    Project Source: _____
    Date Started: _____ Date Finished: _____
    Knit ☐ Crochet ☐ Made For: _____

- Yarn: _____ Fiber: _____
    Colorway: _____ Weight: _____ Gauge: _____
    How Much Used: _____ Needle/Hook Size: _____

- Yarn: _____ Fiber: _____
    Colorway: _____ Weight: _____ Gauge: _____
    How Much Used: _____ Needle/Hook Size: _____

- Yarn: _____ Fiber: _____
    Colorway: _____ Weight: _____ Gauge: _____
    How Much Used: _____ Needle/Hook Size: _____

- Notes: _____
    _____
    _____
    _____
    _____
    _____

- Project Name: _____

  Project Source: _____

  Date Started: _____ Date Finished: _____

  Knit ☐   Crochet ☐   Made For: _____

- Yarn: _____ Fiber: _____

  Colorway: _____ Weight: _____ Gauge: _____

  How Much Used: _____ Needle/Hook Size: _____

- Yarn: _____ Fiber: _____

  Colorway: _____ Weight: _____ Gauge: _____

  How Much Used: _____ Needle/Hook Size: _____

- Yarn: _____ Fiber: _____

  Colorway: _____ Weight: _____ Gauge: _____

  How Much Used: _____ Needle/Hook Size: _____

- Notes: _____

  _____

  _____

  _____

  _____

  _____

  _____

- Project Name: _____

  Project Source: _____

  Date Started: _____ Date Finished: _____

  Knit ☐ Crochet ☐ Made For: _____

- Yarn: _____ Fiber: _____

  Colorway: _____ Weight: _____ Gauge: _____

  How Much Used: _____ Needle/Hook Size: _____

- Yarn: _____ Fiber: _____

  Colorway: _____ Weight: _____ Gauge: _____

  How Much Used: _____ Needle/Hook Size: _____

- Yarn: _____ Fiber: _____

  Colorway: _____ Weight: _____ Gauge: _____

  How Much Used: _____ Needle/Hook Size: _____

- Notes: _____

  _____

  _____

  _____

  _____

  _____

- Project Name: _____

    Project Source: _____

    Date Started: _____ Date Finished: _____

    Knit ☐   Crochet ☐   Made For: _____

- Yarn: _____ Fiber: _____

    Colorway: _____ Weight: _____ Gauge: _____

    How Much Used: _____ Needle/Hook Size: _____

- Yarn: _____ Fiber: _____

    Colorway: _____ Weight: _____ Gauge: _____

    How Much Used: _____ Needle/Hook Size: _____

- Yarn: _____ Fiber: _____

    Colorway: _____ Weight: _____ Gauge: _____

    How Much Used: _____ Needle/Hook Size: _____

- Notes: _____

    _____

    _____

    _____

    _____

    _____

    _____

- Project Name: _____

    Project Source: _____

    Date Started: _____ Date Finished: _____

    Knit ☐ Crochet ☐ Made For: _____

- Yarn: _____ Fiber: _____

    Colorway: _____ Weight: _____ Gauge: _____

    How Much Used: _____ Needle/Hook Size: _____

- Yarn: _____ Fiber: _____

    Colorway: _____ Weight: _____ Gauge: _____

    How Much Used: _____ Needle/Hook Size: _____

- Yarn: _____ Fiber: _____

    Colorway: _____ Weight: _____ Gauge: _____

    How Much Used: _____ Needle/Hook Size: _____

- Notes: _____

    _____

    _____

    _____

    _____

    _____

- Project Name: _____

  Project Source: _____

  Date Started: _____ Date Finished: _____

  Knit ☐ Crochet ☐ Made For: _____

- Yarn: _____ Fiber: _____

  Colorway: _____ Weight: _____ Gauge: _____

  How Much Used: _____ Needle/Hook Size: _____

- Yarn: _____ Fiber: _____

  Colorway: _____ Weight: _____ Gauge: _____

  How Much Used: _____ Needle/Hook Size: _____

- Yarn: _____ Fiber: _____

  Colorway: _____ Weight: _____ Gauge: _____

  How Much Used: _____ Needle/Hook Size: _____

- Notes: _____

  _____
  _____
  _____
  _____
  _____
  _____

- Project Name: _____

    Project Source: _____

    Date Started: _____ Date Finished: _____

    Knit ☐ Crochet ☐ Made For: _____

- Yarn: _____ Fiber: _____

    Colorway: _____ Weight: _____ Gauge: _____

    How Much Used: _____ Needle/Hook Size: _____

- Yarn: _____ Fiber: _____

    Colorway: _____ Weight: _____ Gauge: _____

    How Much Used: _____ Needle/Hook Size: _____

- Yarn: _____ Fiber: _____

    Colorway: _____ Weight: _____ Gauge: _____

    How Much Used: _____ Needle/Hook Size: _____

- Notes: _____
    _____
    _____
    _____
    _____
    _____
    _____

- Project Name: _____

    Project Source: _____

    Date Started: _____ Date Finished: _____

    Knit ☐ Crochet ☐ Made For: _____

- Yarn: _____ Fiber: _____

    Colorway: _____ Weight: _____ Gauge: _____

    How Much Used: _____ Needle/Hook Size: _____

- Yarn: _____ Fiber: _____

    Colorway: _____ Weight: _____ Gauge: _____

    How Much Used: _____ Needle/Hook Size: _____

- Yarn: _____ Fiber: _____

    Colorway: _____ Weight: _____ Gauge: _____

    How Much Used: _____ Needle/Hook Size: _____

- Notes: _____

    _____

    _____

    _____

    _____

    _____

- Project Name: _____
  Project Source: _____
  Date Started: _____ Date Finished: _____
  Knit ☐ Crochet ☐ Made For: _____

- Yarn: _____ Fiber: _____
  Colorway: _____ Weight: _____ Gauge: _____
  How Much Used: _____ Needle/Hook Size: _____

- Yarn: _____ Fiber: _____
  Colorway: _____ Weight: _____ Gauge: _____
  How Much Used: _____ Needle/Hook Size: _____

- Yarn: _____ Fiber: _____
  Colorway: _____ Weight: _____ Gauge: _____
  How Much Used: _____ Needle/Hook Size: _____

- Notes: _____
  _____
  _____
  _____
  _____
  _____
  _____

- Project Name: _____

  Project Source: _____

  Date Started: _____ Date Finished: _____

  Knit ☐   Crochet ☐   Made For: _____

- Yarn: _____ Fiber: _____

  Colorway: _____ Weight: _____ Gauge: _____

  How Much Used: _____ Needle/Hook Size: _____

- Yarn: _____ Fiber: _____

  Colorway: _____ Weight: _____ Gauge: _____

  How Much Used: _____ Needle/Hook Size: _____

- Yarn: _____ Fiber: _____

  Colorway: _____ Weight: _____ Gauge: _____

  How Much Used: _____ Needle/Hook Size: _____

- Notes: _____

  _____

  _____

  _____

  _____

  _____

- Project Name: _____

    Project Source: _____

    Date Started: _____ Date Finished: _____

    Knit ☐ Crochet ☐ Made For: _____

- Yarn: _____ Fiber: _____

    Colorway: _____ Weight: _____ Gauge: _____

    How Much Used: _____ Needle/Hook Size: _____

- Yarn: _____ Fiber: _____

    Colorway: _____ Weight: _____ Gauge: _____

    How Much Used: _____ Needle/Hook Size: _____

- Yarn: _____ Fiber: _____

    Colorway: _____ Weight: _____ Gauge: _____

    How Much Used: _____ Needle/Hook Size: _____

- Notes: _____

    _____

    _____

    _____

    _____

    _____

- Project Name: _____

  Project Source: _____

  Date Started: _____ Date Finished: _____

  Knit ☐ Crochet ☐ Made For: _____

- Yarn: _____ Fiber: _____

  Colorway: _____ Weight: _____ Gauge: _____

  How Much Used: _____ Needle/Hook Size: _____

- Yarn: _____ Fiber: _____

  Colorway: _____ Weight: _____ Gauge: _____

  How Much Used: _____ Needle/Hook Size: _____

- Yarn: _____ Fiber: _____

  Colorway: _____ Weight: _____ Gauge: _____

  How Much Used: _____ Needle/Hook Size: _____

- Notes: _____
  _____
  _____
  _____
  _____
  _____

- Project Name: _____
    Project Source: _____
    Date Started: _____ Date Finished: _____
    Knit ☐ Crochet ☐ Made For: _____

- Yarn: _____ Fiber: _____
    Colorway: _____ Weight: _____ Gauge: _____
    How Much Used: _____ Needle/Hook Size: _____

- Yarn: _____ Fiber: _____
    Colorway: _____ Weight: _____ Gauge: _____
    How Much Used: _____ Needle/Hook Size: _____

- Yarn: _____ Fiber: _____
    Colorway: _____ Weight: _____ Gauge: _____
    How Much Used: _____ Needle/Hook Size: _____

- Notes: _____
    _____
    _____
    _____
    _____
    _____

- Project Name: _____

    Project Source: _____

    Date Started: _____ Date Finished: _____

    Knit ☐   Crochet ☐   Made For: _____

- Yarn: _____ Fiber: _____

    Colorway: _____ Weight: _____ Gauge: _____

    How Much Used: _____ Needle/Hook Size: _____

- Yarn: _____ Fiber: _____

    Colorway: _____ Weight: _____ Gauge: _____

    How Much Used: _____ Needle/Hook Size: _____

- Yarn: _____ Fiber: _____

    Colorway: _____ Weight: _____ Gauge: _____

    How Much Used: _____ Needle/Hook Size: _____

- Notes: _____

    _____
    _____
    _____
    _____
    _____
    _____

- Project Name: _____

    Project Source: _____

    Date Started: _____ Date Finished: _____

    Knit ☐ Crochet ☐ Made For: _____

- Yarn: _____ Fiber: _____

    Colorway: _____ Weight: _____ Gauge: _____

    How Much Used: _____ Needle/Hook Size: _____

- Yarn: _____ Fiber: _____

    Colorway: _____ Weight: _____ Gauge: _____

    How Much Used: _____ Needle/Hook Size: _____

- Yarn: _____ Fiber: _____

    Colorway: _____ Weight: _____ Gauge: _____

    How Much Used: _____ Needle/Hook Size: _____

- Notes: _____

    _____

    _____

    _____

    _____

    _____

- Project Name: _____

  Project Source: _____

  Date Started: _____ Date Finished: _____

  Knit ☐ Crochet ☐ Made For: _____

- Yarn: _____ Fiber: _____

  Colorway: _____ Weight: _____ Gauge: _____

  How Much Used: _____ Needle/Hook Size: _____

- Yarn: _____ Fiber: _____

  Colorway: _____ Weight: _____ Gauge: _____

  How Much Used: _____ Needle/Hook Size: _____

- Yarn: _____ Fiber: _____

  Colorway: _____ Weight: _____ Gauge: _____

  How Much Used: _____ Needle/Hook Size: _____

- Notes: _____

  _____

  _____

  _____

  _____

  _____

- Project Name: _____

   Project Source: _____

   Date Started: _____ Date Finished: _____

   Knit ☐ Crochet ☐ Made For: _____

- Yarn: _____ Fiber: _____

   Colorway: _____ Weight: _____ Gauge: _____

   How Much Used: _____ Needle/Hook Size: _____

- Yarn: _____ Fiber: _____

   Colorway: _____ Weight: _____ Gauge: _____

   How Much Used: _____ Needle/Hook Size: _____

- Yarn: _____ Fiber: _____

   Colorway: _____ Weight: _____ Gauge: _____

   How Much Used: _____ Needle/Hook Size: _____

- Notes: _____

   _____

   _____

   _____

   _____

   _____

- Project Name: _____

  Project Source: _____

  Date Started: _____ Date Finished: _____

  Knit ☐ Crochet ☐ Made For: _____

- Yarn: _____ Fiber: _____

  Colorway: _____ Weight: _____ Gauge: _____

  How Much Used: _____ Needle/Hook Size: _____

- Yarn: _____ Fiber: _____

  Colorway: _____ Weight: _____ Gauge: _____

  How Much Used: _____ Needle/Hook Size: _____

- Yarn: _____ Fiber: _____

  Colorway: _____ Weight: _____ Gauge: _____

  How Much Used: _____ Needle/Hook Size: _____

- Notes: _____

  _____

  _____

  _____

  _____

  _____

- Project Name: _____

    Project Source: _____

    Date Started: _____ Date Finished: _____

    Knit ☐ Crochet ☐ Made For: _____

- Yarn: _____ Fiber: _____

    Colorway: _____ Weight: _____ Gauge: _____

    How Much Used: _____ Needle/Hook Size: _____

- Yarn: _____ Fiber: _____

    Colorway: _____ Weight: _____ Gauge: _____

    How Much Used: _____ Needle/Hook Size: _____

- Yarn: _____ Fiber: _____

    Colorway: _____ Weight: _____ Gauge: _____

    How Much Used: _____ Needle/Hook Size: _____

- Notes: _____

    _____

    _____

    _____

    _____

    _____

- Project Name: _____

  Project Source: _____

  Date Started: _____ Date Finished: _____

  Knit ☐ Crochet ☐ Made For: _____

- Yarn: _____ Fiber: _____

  Colorway: _____ Weight: _____ Gauge: _____

  How Much Used: _____ Needle/Hook Size: _____

- Yarn: _____ Fiber: _____

  Colorway: _____ Weight: _____ Gauge: _____

  How Much Used: _____ Needle/Hook Size: _____

- Yarn: _____ Fiber: _____

  Colorway: _____ Weight: _____ Gauge: _____

  How Much Used: _____ Needle/Hook Size: _____

- Notes: _____

  _____

  _____

  _____

  _____

  _____

- Project Name: _____

    Project Source: _____

    Date Started: _____ Date Finished: _____

    Knit ☐ Crochet ☐ Made For: _____

- Yarn: _____ Fiber: _____

    Colorway: _____ Weight: _____ Gauge: _____

    How Much Used: _____ Needle/Hook Size: _____

- Yarn: _____ Fiber: _____

    Colorway: _____ Weight: _____ Gauge: _____

    How Much Used: _____ Needle/Hook Size: _____

- Yarn: _____ Fiber: _____

    Colorway: _____ Weight: _____ Gauge: _____

    How Much Used: _____ Needle/Hook Size: _____

- Notes: _____

    _____
    _____
    _____
    _____
    _____
    _____

- Project Name: _____

  Project Source: _____

  Date Started: _____ Date Finished: _____

  Knit ☐ Crochet ☐ Made For: _____

- Yarn: _____ Fiber: _____

  Colorway: _____ Weight: _____ Gauge: _____

  How Much Used: _____ Needle/Hook Size: _____

- Yarn: _____ Fiber: _____

  Colorway: _____ Weight: _____ Gauge: _____

  How Much Used: _____ Needle/Hook Size: _____

- Yarn: _____ Fiber: _____

  Colorway: _____ Weight: _____ Gauge: _____

  How Much Used: _____ Needle/Hook Size: _____

- Notes: _____

  _____

  _____

  _____

  _____

  _____

- Project Name: _____

　Project Source: _____

　Date Started: _____ Date Finished: _____

　Knit ☐　Crochet ☐　Made For: _____

- Yarn: _____ Fiber: _____

　Colorway: _____ Weight: _____ Gauge: _____

　How Much Used: _____ Needle/Hook Size: _____

- Yarn: _____ Fiber: _____

　Colorway: _____ Weight: _____ Gauge: _____

　How Much Used: _____ Needle/Hook Size: _____

- Yarn: _____ Fiber: _____

　Colorway: _____ Weight: _____ Gauge: _____

　How Much Used: _____ Needle/Hook Size: _____

- Notes: _____

　_____

　_____

　_____

　_____

　_____

　_____

- Project Name: _____

  Project Source: _____

  Date Started: _____ Date Finished: _____

  Knit ☐ Crochet ☐ Made For: _____

- Yarn: _____ Fiber: _____

  Colorway: _____ Weight: _____ Gauge: _____

  How Much Used: _____ Needle/Hook Size: _____

- Yarn: _____ Fiber: _____

  Colorway: _____ Weight: _____ Gauge: _____

  How Much Used: _____ Needle/Hook Size: _____

- Yarn: _____ Fiber: _____

  Colorway: _____ Weight: _____ Gauge: _____

  How Much Used: _____ Needle/Hook Size: _____

- Notes: _____

  _____

  _____

  _____

  _____

  _____

- Project Name: _____

  Project Source: _____

  Date Started: _____ Date Finished: _____

  Knit ☐ Crochet ☐ Made For: _____

- Yarn: _____ Fiber: _____

  Colorway: _____ Weight: _____ Gauge: _____

  How Much Used: _____ Needle/Hook Size: _____

- Yarn: _____ Fiber: _____

  Colorway: _____ Weight: _____ Gauge: _____

  How Much Used: _____ Needle/Hook Size: _____

- Yarn: _____ Fiber: _____

  Colorway: _____ Weight: _____ Gauge: _____

  How Much Used: _____ Needle/Hook Size: _____

- Notes: _____

  _____

  _____

  _____

  _____

  _____

- Project Name: _____

  Project Source: _____

  Date Started: _____ Date Finished: _____

  Knit ☐ Crochet ☐ Made For: _____

- Yarn: _____ Fiber: _____

  Colorway: _____ Weight: _____ Gauge: _____

  How Much Used: _____ Needle/Hook Size: _____

- Yarn: _____ Fiber: _____

  Colorway: _____ Weight: _____ Gauge: _____

  How Much Used: _____ Needle/Hook Size: _____

- Yarn: _____ Fiber: _____

  Colorway: _____ Weight: _____ Gauge: _____

  How Much Used: _____ Needle/Hook Size: _____

- Notes: _____

  _____

  _____

  _____

  _____

  _____

  _____

- Project Name: _____

    Project Source: _____

    Date Started: _____ Date Finished: _____

    Knit ☐ Crochet ☐ Made For: _____

- Yarn: _____ Fiber: _____

    Colorway: _____ Weight: _____ Gauge: _____

    How Much Used: _____ Needle/Hook Size: _____

- Yarn: _____ Fiber: _____

    Colorway: _____ Weight: _____ Gauge: _____

    How Much Used: _____ Needle/Hook Size: _____

- Yarn: _____ Fiber: _____

    Colorway: _____ Weight: _____ Gauge: _____

    How Much Used: _____ Needle/Hook Size: _____

- Notes: _____

    _____

    _____

    _____

    _____

    _____

- Project Name: _____

    Project Source: _____

    Date Started: _____ Date Finished: _____

    Knit ☐   Crochet ☐   Made For: _____

- Yarn: _____ Fiber: _____

    Colorway: _____ Weight: _____ Gauge: _____

    How Much Used: _____ Needle/Hook Size: _____

- Yarn: _____ Fiber: _____

    Colorway: _____ Weight: _____ Gauge: _____

    How Much Used: _____ Needle/Hook Size: _____

- Yarn: _____ Fiber: _____

    Colorway: _____ Weight: _____ Gauge: _____

    How Much Used: _____ Needle/Hook Size: _____

- Notes: _____

    _____

    _____

    _____

    _____

    _____

    _____

- Project Name: _____

    Project Source: _____

    Date Started: _____ Date Finished: _____

    Knit ☐ Crochet ☐ Made For: _____

- Yarn: _____ Fiber: _____

    Colorway: _____ Weight: _____ Gauge: _____

    How Much Used: _____ Needle/Hook Size: _____

- Yarn: _____ Fiber: _____

    Colorway: _____ Weight: _____ Gauge: _____

    How Much Used: _____ Needle/Hook Size: _____

- Yarn: _____ Fiber: _____

    Colorway: _____ Weight: _____ Gauge: _____

    How Much Used: _____ Needle/Hook Size: _____

- Notes: _____

    _____

    _____

    _____

    _____

    _____

    _____

- Project Name: _____
  Project Source: _____
  Date Started: _____ Date Finished: _____
  Knit ☐   Crochet ☐   Made For: _____

- Yarn: _____ Fiber: _____
  Colorway: _____ Weight: _____ Gauge: _____
  How Much Used: _____ Needle/Hook Size: _____

- Yarn: _____ Fiber: _____
  Colorway: _____ Weight: _____ Gauge: _____
  How Much Used: _____ Needle/Hook Size: _____

- Yarn: _____ Fiber: _____
  Colorway: _____ Weight: _____ Gauge: _____
  How Much Used: _____ Needle/Hook Size: _____

- Notes: _____
  _____
  _____
  _____
  _____
  _____

- Project Name: _____

  Project Source: _____

  Date Started: _____ Date Finished: _____

  Knit ☐ Crochet ☐ Made For: _____

- Yarn: _____ Fiber: _____

  Colorway: _____ Weight: _____ Gauge: _____

  How Much Used: _____ Needle/Hook Size: _____

- Yarn: _____ Fiber: _____

  Colorway: _____ Weight: _____ Gauge: _____

  How Much Used: _____ Needle/Hook Size: _____

- Yarn: _____ Fiber: _____

  Colorway: _____ Weight: _____ Gauge: _____

  How Much Used: _____ Needle/Hook Size: _____

- Notes: _____

  _____

  _____

  _____

  _____

  _____

- Project Name: _____
  Project Source: _____
  Date Started: _____ Date Finished: _____
  Knit ☐ Crochet ☐ Made For: _____

- Yarn: _____ Fiber: _____
  Colorway: _____ Weight: _____ Gauge: _____
  How Much Used: _____ Needle/Hook Size: _____

- Yarn: _____ Fiber: _____
  Colorway: _____ Weight: _____ Gauge: _____
  How Much Used: _____ Needle/Hook Size: _____

- Yarn: _____ Fiber: _____
  Colorway: _____ Weight: _____ Gauge: _____
  How Much Used: _____ Needle/Hook Size: _____

- Notes: _____
  _____
  _____
  _____
  _____
  _____
  _____

- Project Name: _____

  Project Source: _____

  Date Started: _____ Date Finished: _____

  Knit ☐ Crochet ☐ Made For: _____

- Yarn: _____ Fiber: _____

  Colorway: _____ Weight: _____ Gauge: _____

  How Much Used: _____ Needle/Hook Size: _____

- Yarn: _____ Fiber: _____

  Colorway: _____ Weight: _____ Gauge: _____

  How Much Used: _____ Needle/Hook Size: _____

- Yarn: _____ Fiber: _____

  Colorway: _____ Weight: _____ Gauge: _____

  How Much Used: _____ Needle/Hook Size: _____

- Notes: _____

  _____

  _____

  _____

  _____

  _____

  _____

- Project Name: _____
  Project Source: _____
  Date Started: _____ Date Finished: _____
  Knit ☐ Crochet ☐ Made For: _____

- Yarn: _____ Fiber: _____
  Colorway: _____ Weight: _____ Gauge: _____
  How Much Used: _____ Needle/Hook Size: _____

- Yarn: _____ Fiber: _____
  Colorway: _____ Weight: _____ Gauge: _____
  How Much Used: _____ Needle/Hook Size: _____

- Yarn: _____ Fiber: _____
  Colorway: _____ Weight: _____ Gauge: _____
  How Much Used: _____ Needle/Hook Size: _____

- Notes: _____
  _____
  _____
  _____
  _____
  _____

- Project Name: _____

    Project Source: _____

    Date Started: _____ Date Finished: _____

    Knit ☐ Crochet ☐ Made For: _____

- Yarn: _____ Fiber: _____

    Colorway: _____ Weight: _____ Gauge: _____

    How Much Used: _____ Needle/Hook Size: _____

- Yarn: _____ Fiber: _____

    Colorway: _____ Weight: _____ Gauge: _____

    How Much Used: _____ Needle/Hook Size: _____

- Yarn: _____ Fiber: _____

    Colorway: _____ Weight: _____ Gauge: _____

    How Much Used: _____ Needle/Hook Size: _____

- Notes: _____

    _____

    _____

    _____

    _____

    _____

- Project Name: _____

    Project Source: _____

    Date Started: _____ Date Finished: _____

    Knit ☐ Crochet ☐ Made For: _____

- Yarn: _____ Fiber: _____

    Colorway: _____ Weight: _____ Gauge: _____

    How Much Used: _____ Needle/Hook Size: _____

- Yarn: _____ Fiber: _____

    Colorway: _____ Weight: _____ Gauge: _____

    How Much Used: _____ Needle/Hook Size: _____

- Yarn: _____ Fiber: _____

    Colorway: _____ Weight: _____ Gauge: _____

    How Much Used: _____ Needle/Hook Size: _____

- Notes: _____

    _____

    _____

    _____

    _____

    _____

- Project Name: _____

    Project Source: _____

    Date Started: _____ Date Finished: _____

    Knit ☐ Crochet ☐ Made For: _____

- Yarn: _____ Fiber: _____

    Colorway: _____ Weight: _____ Gauge: _____

    How Much Used: _____ Needle/Hook Size: _____

- Yarn: _____ Fiber: _____

    Colorway: _____ Weight: _____ Gauge: _____

    How Much Used: _____ Needle/Hook Size: _____

- Yarn: _____ Fiber: _____

    Colorway: _____ Weight: _____ Gauge: _____

    How Much Used: _____ Needle/Hook Size: _____

- Notes: _____

    _____

    _____

    _____

    _____

    _____

- Project Name: _____

  Project Source: _____

  Date Started: _____ Date Finished: _____

  Knit ☐ Crochet ☐ Made For: _____

- Yarn: _____ Fiber: _____

  Colorway: _____ Weight: _____ Gauge: _____

  How Much Used: _____ Needle/Hook Size: _____

- Yarn: _____ Fiber: _____

  Colorway: _____ Weight: _____ Gauge: _____

  How Much Used: _____ Needle/Hook Size: _____

- Yarn: _____ Fiber: _____

  Colorway: _____ Weight: _____ Gauge: _____

  How Much Used: _____ Needle/Hook Size: _____

- Notes: _____

  _____

  _____

  _____

  _____

  _____

- Project Name: _____

    Project Source: _____

    Date Started: _____ Date Finished: _____

    Knit ☐ Crochet ☐ Made For: _____

- Yarn: _____ Fiber: _____

    Colorway: _____ Weight: _____ Gauge: _____

    How Much Used: _____ Needle/Hook Size: _____

- Yarn: _____ Fiber: _____

    Colorway: _____ Weight: _____ Gauge: _____

    How Much Used: _____ Needle/Hook Size: _____

- Yarn: _____ Fiber: _____

    Colorway: _____ Weight: _____ Gauge: _____

    How Much Used: _____ Needle/Hook Size: _____

- Notes: _____

    _____

    _____

    _____

    _____

    _____

- Project Name: _____
  Project Source: _____
  Date Started: _____ Date Finished: _____
  Knit ☐ Crochet ☐ Made For: _____

- Yarn: _____ Fiber: _____
  Colorway: _____ Weight: _____ Gauge: _____
  How Much Used: _____ Needle/Hook Size: _____

- Yarn: _____ Fiber: _____
  Colorway: _____ Weight: _____ Gauge: _____
  How Much Used: _____ Needle/Hook Size: _____

- Yarn: _____ Fiber: _____
  Colorway: _____ Weight: _____ Gauge: _____
  How Much Used: _____ Needle/Hook Size: _____

- Notes: _____
  _____
  _____
  _____
  _____
  _____
  _____

- Project Name: _____

  Project Source: _____

  Date Started: _____ Date Finished: _____

  Knit ☐ Crochet ☐ Made For: _____

- Yarn: _____ Fiber: _____

  Colorway: _____ Weight: _____ Gauge: _____

  How Much Used: _____ Needle/Hook Size: _____

- Yarn: _____ Fiber: _____

  Colorway: _____ Weight: _____ Gauge: _____

  How Much Used: _____ Needle/Hook Size: _____

- Yarn: _____ Fiber: _____

  Colorway: _____ Weight: _____ Gauge: _____

  How Much Used: _____ Needle/Hook Size: _____

- Notes: _____

  _____

  _____

  _____

  _____

  _____

- Project Name: _____

  Project Source: _____

  Date Started: _____ Date Finished: _____

  Knit ☐ Crochet ☐ Made For: _____

- Yarn: _____ Fiber: _____

  Colorway: _____ Weight: _____ Gauge: _____

  How Much Used: _____ Needle/Hook Size: _____

- Yarn: _____ Fiber: _____

  Colorway: _____ Weight: _____ Gauge: _____

  How Much Used: _____ Needle/Hook Size: _____

- Yarn: _____ Fiber: _____

  Colorway: _____ Weight: _____ Gauge: _____

  How Much Used: _____ Needle/Hook Size: _____

- Notes: _____

  _____

  _____

  _____

  _____

  _____

- Project Name: _____
  Project Source: _____
  Date Started: _____ Date Finished: _____
  Knit ☐ Crochet ☐ Made For: _____

- Yarn: _____ Fiber: _____
  Colorway: _____ Weight: _____ Gauge: _____
  How Much Used: _____ Needle/Hook Size: _____

- Yarn: _____ Fiber: _____
  Colorway: _____ Weight: _____ Gauge: _____
  How Much Used: _____ Needle/Hook Size: _____

- Yarn: _____ Fiber: _____
  Colorway: _____ Weight: _____ Gauge: _____
  How Much Used: _____ Needle/Hook Size: _____

- Notes: _____
  _____
  _____
  _____
  _____
  _____
  _____

- Project Name: _____
  Project Source: _____
  Date Started: _____ Date Finished: _____
  Knit ☐ Crochet ☐ Made For: _____

- Yarn: _____ Fiber: _____
  Colorway: _____ Weight: _____ Gauge: _____
  How Much Used: _____ Needle/Hook Size: _____

- Yarn: _____ Fiber: _____
  Colorway: _____ Weight: _____ Gauge: _____
  How Much Used: _____ Needle/Hook Size: _____

- Yarn: _____ Fiber: _____
  Colorway: _____ Weight: _____ Gauge: _____
  How Much Used: _____ Needle/Hook Size: _____

- Notes: _____
  _____
  _____
  _____
  _____
  _____
  _____

- Project Name: _____
  Project Source: _____
  Date Started: _____ Date Finished: _____
  Knit ☐ Crochet ☐ Made For: _____

- Yarn: _____ Fiber: _____
  Colorway: _____ Weight: _____ Gauge: _____
  How Much Used: _____ Needle/Hook Size: _____

- Yarn: _____ Fiber: _____
  Colorway: _____ Weight: _____ Gauge: _____
  How Much Used: _____ Needle/Hook Size: _____

- Yarn: _____ Fiber: _____
  Colorway: _____ Weight: _____ Gauge: _____
  How Much Used: _____ Needle/Hook Size: _____

- Notes: _____
  _____
  _____
  _____
  _____
  _____

- Project Name: _____

  Project Source: _____

  Date Started: _____ Date Finished: _____

  Knit ☐ Crochet ☐ Made For: _____

- Yarn: _____ Fiber: _____

  Colorway: _____ Weight: _____ Gauge: _____

  How Much Used: _____ Needle/Hook Size: _____

- Yarn: _____ Fiber: _____

  Colorway: _____ Weight: _____ Gauge: _____

  How Much Used: _____ Needle/Hook Size: _____

- Yarn: _____ Fiber: _____

  Colorway: _____ Weight: _____ Gauge: _____

  How Much Used: _____ Needle/Hook Size: _____

- Notes: _____

  _____

  _____

  _____

  _____

  _____

- Project Name: _____

  Project Source: _____

  Date Started: _____ Date Finished: _____

  Knit ☐ Crochet ☐ Made For: _____

- Yarn: _____ Fiber: _____

  Colorway: _____ Weight: _____ Gauge: _____

  How Much Used: _____ Needle/Hook Size: _____

- Yarn: _____ Fiber: _____

  Colorway: _____ Weight: _____ Gauge: _____

  How Much Used: _____ Needle/Hook Size: _____

- Yarn: _____ Fiber: _____

  Colorway: _____ Weight: _____ Gauge: _____

  How Much Used: _____ Needle/Hook Size: _____

- Notes: _____

  _____

  _____

  _____

  _____

  _____

- Project Name: _____
  Project Source: _____
  Date Started: _____ Date Finished: _____
  Knit ☐ Crochet ☐ Made For: _____

- Yarn: _____ Fiber: _____
  Colorway: _____ Weight: _____ Gauge: _____
  How Much Used: _____ Needle/Hook Size: _____

- Yarn: _____ Fiber: _____
  Colorway: _____ Weight: _____ Gauge: _____
  How Much Used: _____ Needle/Hook Size: _____

- Yarn: _____ Fiber: _____
  Colorway: _____ Weight: _____ Gauge: _____
  How Much Used: _____ Needle/Hook Size: _____

- Notes: _____
  _____
  _____
  _____
  _____
  _____
  _____

- Project Name: _____

    Project Source: _____

    Date Started: _____ Date Finished: _____

    Knit ☐ Crochet ☐ Made For: _____

- Yarn: _____ Fiber: _____

    Colorway: _____ Weight: _____ Gauge: _____

    How Much Used: _____ Needle/Hook Size: _____

- Yarn: _____ Fiber: _____

    Colorway: _____ Weight: _____ Gauge: _____

    How Much Used: _____ Needle/Hook Size: _____

- Yarn: _____ Fiber: _____

    Colorway: _____ Weight: _____ Gauge: _____

    How Much Used: _____ Needle/Hook Size: _____

- Notes: _____

    _____

    _____

    _____

    _____

    _____

- Project Name: _____

  Project Source: _____

  Date Started: _____ Date Finished: _____

  Knit ☐   Crochet ☐   Made For: _____

- Yarn: _____ Fiber: _____

  Colorway: _____ Weight: _____ Gauge: _____

  How Much Used: _____ Needle/Hook Size: _____

- Yarn: _____ Fiber: _____

  Colorway: _____ Weight: _____ Gauge: _____

  How Much Used: _____ Needle/Hook Size: _____

- Yarn: _____ Fiber: _____

  Colorway: _____ Weight: _____ Gauge: _____

  How Much Used: _____ Needle/Hook Size: _____

- Notes: _____

  _____

  _____

  _____

  _____

  _____

  _____

NOTES

NOTES

Printed in Great Britain
by Amazon